LE BOUDDHA

ET

LE BOUDDHISME

CONFÉRENCE FAITE A LA SALLE DES CAPUCINES

PAR

M. SAIZAU MOTOYOSI

Répétiteur à l'École spéciale des Langues orientales,
Rédacteur à la Revue bouddhique du Japon.

PARIS

L. SAUVAITRE, ÉDITEUR

LIBRAIRIE GÉNÉRALE

72, BOULEVARD HAUSSMANN, 72

LE BOUDDHA

ET

LE BOUDDHISME

CONFÉRENCE FAITE A LA SALLE DES CAPUCINES

PAR

M. SAIZAU MOTOYOSI

Répétiteur à l'École spéciale des Langues orientales,
Rédacteur à la REVUE BOUDDHIQUE DU JAPON.

PARIS

L. SAUVAITRE, ÉDITEUR

LIBRAIRIE GÉNÉRALE

72, BOULEVARD HAUSSMANN, 72

—

1890

LE BOUDDHA

ET

LE BOUDDHISME

Vous comprendrez, mesdames et messieurs, qu'il me sera impossible, dans une seule conférence, de vous initier à la doctrine complète de Çàkya-Mouni, mais j'espère vous la peindre de telle manière que de vos propres efforts vous essayerez d'en savoir davantage. Avant de parler de la religion ou de la philosophie de Gautama, car chez ce grand sage d'Orient, religion et philosophie sont réunies dans l'accord le plus harmonieux — je dois vous dire quelques mots du Bouddha lui-même, de son origine, et de ses antécédents. Bouddha, c'est le nom sacré du fondateur du Bouddhisme, de même que le mot *Christ* est celui de Jésus. *Bouddha* signifie littéralement en sanscrit, le *savant*, l'*éclairé*, celui qui est arrivé à la possession de la *Bôdhi* ou science parfaite ; ce n'est pas un nom propre ; c'est un titre ascétique : aussi doit-il être précédé de l'article : il faut dire *le Bouddha* et non *Bouddha*. Ce titre, du reste, ne s'applique pas à un seul personnage ; il désigne un certain nombre d'êtres privilégiés qui l'ont obtenu ou doivent l'obtenir par une longue suite de bonnes œuvres accomplies sous la forme humaine. Il faut donc distinguer des Bouddhas qui appartiennent à la légende du Bouddhisme, *le Bouddha* qui appartient à l'histoire et qui a fondé le Bouddhisme. Ce dernier s'appelait de son nom personnel *Siddartha*, de son nom de famille *Çâkya* et *Gautama*, parce qu'il était de la famille des Càkyas et de la race des Gotamides. Lorsque le désir d'atteindre la perfection morale l'eut déterminé à se retirer dans la solitude, il reçut le surnom de *Mouni* qui signifie le solitaire, comme le μονος grec, et celui de *çramana* qui signifie *l'ascète* : de là les noms de *Çâkya-Mouni* — le solitaire de la famille des Çakyas et de *Çramana-Gautama* — l'ascète de la race des Gotamides —, par lesquels il est ordinairement désigné. On lui applique aussi les épithètes : *Tathtagata* — celui qui a parcouru sa carrière religieuse de la même manière que ses devanciers; — *Baghavat*, le bienheureux. — *Sougata* — le bien venu; *Bôdhisattva* — un Bouddha futur. — Ce dernier terme ne s'appliquait à Gautama que pendant ses premières années, avant qu'il eut atteint l'intelligence parfaite, la *Bôdhi*.

A quelle époque parut le Bouddha Çàkya-Mouni? Les traditions ne sont pas d'accord sur ce point : celle des Chinois ou des Bouddhistes du Nord place sa vie au onzième siècle avant Jésus-Christ ; celle des Singhalais ou des Bouddhistes du Sud, seulement vers le sixième ou septième siècle avant J.-C. De ces deux opinions, la véritable est celle des Singhalais dont les annales indiennes, conservées avec un soin et une régularité remarquables depuis le dixième siècle environ avant l'ère chrétienne, nous offrent les seuls renseignements originaires et authentiques que nous possédions sur l'origine du Bouddhisme.

Sur la patrie du Bouddha, l'accord des traditions est complet : toutes le font naître en une ville de l'Inde centrale, dans la caste des Kshattriyas ou guerriers ; toutes le présentent comme un fils du roi qui, à vingt-neuf ans, quitta furtivement le palais de son père pour embrasser la vie d'ascète, pour élaborer, puis prêcher la doctrine bouddhique.

Nous allons d'abord esquisser la vie de Çâkya-Mouni dégagée des détails légendaires ou fabuleux.

Ce fut vers la fin du huitième siècle avant J.-C. que naquit le Bouddha, dans la ville de Kapilavastou, capitale d'un royaume de ce nom dans l'Inde centrale, au pied des montagnes du Népal et au nord de l'Oude actuel. Son père, Çouddhodana, de la famille des Çâkyas et issu de la race des Gotamides, était roi de la contrée. Sa mère, Mâzadévi, était fille du roi Souppraboudḋha, et sa beauté était tellement extraordinaire qu'on lui avait donné ce surnom de *Maya* ou l'illusion, parce que son corps, ainsi que le dit le *Lalita Vistara*, semblait être le produit d'une illusion ravissante. Les vertus et les talents de Mâyâdévi surpassaient encore sa beauté, et elle réunissait les qualités les plus rares et les plus hautes de l'intelligence et de la piété.

Çouddhodana était digne d'une telle compagne et, « roi de la Loi, il commandait selon la Loi. Dans le pays des Çâkyas, pas un prince n'était honoré et respecté autant que lui de toutes les classes de ses sujets, depuis ses conseillers et les gens de sa cour, jusqu'aux chefs de maison et aux marchands.

Maza Devi mourut sept jours après avoir donné naissance à Siddartha. L'orphelin fut confié aux soins de sa tante maternelle Radjapati Gautami, qui était aussi une des femmes de son père, et qui devait être, au temps de la prédication du Bouddha, une de ses adhérentes les plus dévouées. Dès son enfance, Çâkya-Mouni fit pressentir les hautes destinées qui l'attendaient. Conduit aux écoles d'écriture, il s'y montrait plus habile que ses maîtres ; un d'eux, Viçvamitra, sous la direction duquel il était plus spécialement placé, déclara bientôt qu'il n'avait plus rien à lui apprendre. Au milieu des compagnons de son âge, l'enfant ne prenait point part à leurs jeux : souvent il se retirait à l'écart pour se livrer à la méditation.

Devenu jeune homme et pressé de se marier, il répondit à son père en ces *gathas* ou vers que nous trouvons dans le *Lalita Vistara* :

« S'il y a une jeune fille comme celle-là, ô mon père, tu peux la choisir pour moi. Je ne veux point d'une créature vulgaire, sans éducation. Celle dont je décris les qualités, tu peux la choisir pour moi.

« Dans la fleur de la jeunesse et de la beauté, et pourtant sans orgueil de sa b auté ; comme une mère ou une sœur, qu'elle agisse avec un esprit de bienveillance. Se plaisant au renoncement, accoutumée à faire des dons aux Çramanas et aux Brahmanes, une pareille femme, ô mon père, tu peux la choisir pour moi.

« Sans orgueil, sans méchanceté ni aigreur, sans ruse, sans envie, sans artifice, non détournée de la droiture. Que pas même en songe, elle n'ait eu des pensées pour un autre homme, satisfaite de son mari, qu'elle soit toujours retenue et modeste.

» Qu'elle ne soit ni fière, ni hautaine, ni présomptueuse. Modeste et ayant mis de côté tout orgueil, comme si elle était une esclave. Qu'elle soit sans passion pour les liqueurs, les mets délicats, la musique et les parfums. Qu'exempte de convoitise et évitant de demander, elle soit satisfaite de sa fortune.

» Ferme dans la vérité, ni légère ni étourdie, ni

orgueilleuse et revêtue du vêtement de la pudeur : qu'elle n'aime ni les spectacles ni les fêtes, toujours appliquée à la loi, se conservant toujours pure de corps, de parole et de pensée.

» Sans goût pour le sommeil et la paresse, ni troublée par l'orgueil ; remplie de jugement, faisant de bonnes actions, et pratiquant toujours la loi. Respectant son beau-père et sa belle-mère comme un précepteur spirituel ; bonne pour les esclaves des deux sexes comme pour elle-même.

» Connaissant, comme une courtisane, les règles des Çàstràs (livres sacrés) ; qu'elle dorme la dernière et qu'elle sorte la première de son lit ; agissant avec bienveillance, sans affectation, comme une mère. S'il y a une pareille femme, ô maître des hommes, choisis-la pour moi. »

Le roi Çouddhodana ne perdit point courage devant cette longue liste de qualités et chargea le Brahmane Pourohita, en ces termes, de la difficile mission de trouver cette femme rare :

— « Que ce soit la fille d'un Brahmane, d'un Kchatriya, d'un Vâicya, et même d'un Çoudra, celle qui a en partage ces qualités amène-la moi.

» Mon fils n'est ébloui, ni par la famille, ni par la race ; les qualités réelles et la vertu, voilà en quoi son esprit se complaît. »

Le Brahmane ayant pris la liste en *gathas* s'en alla dans la grande cité de Kapilavastou, examinant une maison après une autre, cherchant à voir une jeune fille douée de qualités semblables : et n'en voyant pas une qui en fût douée, il arriva successivement jusqu'à la demeure de Dandapani, de la famille des Çâkyas. Arrivé là, il aperçut une jeune fille remarquablement belle et gracieuse, charmant la vue par l'éclat de ses belles couleurs ; pas trop grande, pas trop petite, pas trop grasse, pas trop maigre, pas trop blanche, pas trop noire, dans la première fleur de la jeunesse et désignée comme la perle des femmes.

Cependant la jeune fille ayant touché les deux pieds du Brahmane Pourohita, lui parla ainsi : « Grand Brahmane, qu'y a-t-il pour votre service ? »

Le Brahmane Pourohita lui répondit par cette gâthâ :

« Le fils de Çouddhôdana, doué de la plus grande beauté, est marqué des trente-deux signes et doué de l'éclat des qualités. Une liste des qualités des femmes a été écrite par lui. Celle qui a ces qualités sera son épouse. »

Et il lui présenta cette liste en gâthâs. La jeune fille ayant parcouru cette liste, montra un visage riant, et répondit au Pourohita par cette gâthâ.

» Brahmane, j'ai en moi toutes les qualités convenables. Que cet aimable et beau jeune homme soit mon époux ! Le jeune homme a parlé ; si c'est son désir, point de retard ; il ne pourrait demeurer avec une personne vulgaire et sans éducation.

Alors le Brahmane Pourohita étant retourné auprès du roi Çouddhôdana lui raconta ce qui était arrivé, en lui disant que la jeune fille était la belle Gopa, fille du Çâkya Dandapani.

Alors le roi Çouddhôdana pensa : le jeune prince est difficile à satisfaire et porté vers ce qui est beau. En général, le sexe féminin ne se distingue pas par ses qualités quoiqu'on lui en reconnaisse. Je ferai donc faire de ravissantes parures que le jeune prince pourra donner à toutes les jeunes filles. Alors celle des jeunes filles sur laquelle l'œil du jeune homme s'arrêtera, je la choisirai pour lui.

Cependant le roi Çouddhôdona fit faire des ornements gracieux d'or, d'argent de lapis-lazuli et de diverses choses précieuses, puis il fit annoncer à son de cloche dans la grande cité de Kapilavastou que dans sept jours le jeune prince se ferait voir et distribuerait aux jeunes filles de ravissantes parures ; qu'elles eussent donc à se réunir toutes ce jour-là dans la salle de l'assemblée. Le septième jour étant venu, le Bôdhisattva étant allée à la salle de l'assemblée s'y assit sur le trône.

Cependant le roi Çouddhôdoua plaçant des espions leur dit : « Celle des jeunes filles sur laquelle l'œil du jeune prince s'arrêtera, faites-la moi connaître. »

Ainsi, tout ce qu'il y avait de jeunes filles dans la grande cité de Kapilavastou, vinrent dans la salle d'assemblée où se trouvait le Bodhisattva pour le voir et recevoir de charmantes parures. Mais aussitôt que ces jeunes filles eurent reçu leurs cadeaux, ne pouvant supporter l'éclat et la majesté du Bôdnhisattva, elles s'en allèrent promptement emportant les ravissantes parures.

Alors la fille du Çakya Dandapani, nommée Gôpâ, entourée et précédée d'une suite de femmes esclaves arriva à la salle d'assemblée et, s'approchant de l'endroit où était le Bôdhisattva, s'arrêta à côté de lui et le regarda sans cligner les yeux. En ce moment toutes les ravissantes parures avaient été données par le Bôdhisattva. Alors Gôpâ s'approchant de lui avec un visage riant lui parla ainsi :

— Jeune homme en quoi t'ai-je offensé que tu me dédaignes.

— Je ne te dédaigne pas, répondit le Bodhisattva, mais c'est que tu es arrivée la dernière. Puis ôtant de son doigt un anneau valant plus de cent mille palas, il le lui donna.

— Jeune homme, demanda Gôpâ, dois-je recevoir ceci de toi?

— Ces parures étant à moi, fit Gautama, il faut les accepter.

Mais Gôpâ poursuivit :

— Nous ne priverons pas le jeune prince de ses parures, nous le parerons plutôt. Et en parlant ainsi la jeune fille se retira.

Alors les espions du roi Çouddhodana étant allés le retrouver, lui rapportèrent ce qui s'était passé :

— Sire, la fille du Çàkya Dandapani, nommée Gôpâ, est celle sur laquelle s'est fixé l'œil du jeune prince ; il y a même eu entre eux un moment d'entretien.

Après avoir entendu ce rapport, le roi envoya au Çàkya Dandapani le brahmane Pourohita avec ce message :

— La jeune fille qui est la tienne, il faut la donner à mon fils !

A quoi Dandapani fit la réponse suivante :

— Seigneur, le jeune homme a grandi dans la mollesse au milieu du palais, et c'est une loi de notre famille de donner notre fille à un homme habile dans les arts et non à celui qui ne l'est pas. Le jeune prince n'excelle pas dans les arts ; et ne connait ni les règles de l'escrime, ni celles de l'exercice de l'arc, ni celles du pugilat, ni celles de la lutte. Comment donc donnerai-je ma fille à celui qui n'est pas habile dans les arts ?

Telles furent les paroles de Dandapani et qu'on rapporta au roi qui se mit à penser : « Voilà deux fois déjà que j'ai été blâmé avec justice à ce sujet. Lorsque j'ai demandé pourquoi les jeunes Çakyas ne venaient pas rendre hommage au prince, il m'a été répondu qu'ils ne rendaient pas hommage à un indolent. »

Le roi demeura donc soucieux ; mais le Bodhisattva ayant appris ce qui s'était passé se rendit auprès de son père et lui dit :

— Sire, y en a-t-il ici, dans la ville, un seul, qui puisse rivaliser avec moi pour la dextérité dans les arts ? Qu'ils s'assemblent donc tous ceux qui excellent dans les arts et en leur présence, je montrerai mon savoir faire.

Le roi, au comble de la joie, fit donc annoncer au son de la cloche dans la ville excellente de Kapilavastou que dans sept jours le jeune Sarvârthasiddha montrerait son habileté dans les arts.

Au septième jour, cinq cents jeune Çâkyas se réunirent, et la fille de Dandapani, la belle Gôpâ fut promise pour prix de la victoire.

Le concours se termina au grand avantage du Bodhisattva.

Ainsi, dans le saut, la science de l'écriture, des sceaux, du calcul, de l'arithmétique, de la lutte, de l'arc ; dans la course, la natation, dans l'art de lancer les flèches, de conduire l'éléphant en montant sur son cou, le cheval en montant sur le dos ; dans l'art de conduire les chars, dans l'exercice de l'arc ; pour la fermeté, la force, le courage ; dans l'effort des bras, dans la conduite de l'éléphant avec le crochet, avec un lien ; dans l'action de se lever, de sortir, de descendre ; dans la ligature des pieds, la ligature des mèches de cheveux ; dans l'action de couper, de fendre, de traverser, de secouer, de percer ce qui n'est pas entouré, de percer le joint, de percer ce qui résonne, dans l'action de frapper fortement ; au jeu de dés, dans la poésie, la grammaire, la composition des livres, la peinture, le drame, l'action dramatique, la lecture attentive, l'entretien du feu sacré, l'art de jouer de la vinâ, la musique instrumentale, la danse, le chant, la lecture, la déclamation, la plaisanterie, l'union de la danse et de la musique, la danse théâtrale, la mimique, la disposition des guirlandes, dans l'action de rafraîchir avec l'éventail, dans la teinture des pierres précieuses, la teinture des vêtements, dans l'œuvre de la magie, l'explication des songes, le langage des oiseaux, dans l'art de connaître les signes des femmes, les signes des hommes, les signes des éléphants, des chevaux, des taureaux, des chèvres, des béliers, des chiens; la composition des vocabulaires, l'écriture sainte, les Pourânas, les Ithasas. le Veda, la grammaire, le Niroukta, l'art de prononcer la poésie, les rites du sacrifice; dans l'astronomie, l'arithmétique, le yôga, les cérémonies religieuses, la méthode des vaicechikas, la connaissance des richesses, la morale, l'état de précepteur, l'état Asoura, le langage des oiseaux et des animaux, la science des causes, l'arrangement des filets, les ouvrages de cire, la couture, la ciselure, la taille des feuilles, le mélange des parfums, en toutes ces choses et dans tout le reste des arts du monde, le Bodhisattva, surpassant tous ses concurrents s'est, lui seul, distingué éminemment par sa supériorité.

Après cette brillante épreuve, le Çâkya Dandapani donna sa fille Gôpâ au Bodhisattva pour épouse.

Aussi indépendante que son mari des usages et des préjugés de la Société Brahmanique, la belle Gôpâ se montra digne du jeune prince dont le cœur, sans se laisser biaiser ni par la famille ni par la race, ne se plaisait qu'aux qualités vraies et morales, en prenant dès ce moment, malgré sa famille, l'habitude de ne jamais se voiler.

— Assis, debout ou marchant, disait-elle, les gens

respectables, quoique découverts, sont toujours beaux.
Le diamant précieux brille encore davantage au
sommet d'un étendard. Les femmes qui maîtrisent
leurs passions et domptent leurs sens, satisfaites de
leur mari, ne pensent jamais à un autre, peuvent pa-
raître sans voile, comme le soleil et la lune. Le suprême et magnanime Rishi, ainsi que la foule des
autres dieux connaît ma pensée, mes mœurs, mes
qualités, ma retenue et ma modestie. Pourquoi donc
me voilerais-je le visage?

Quelque heureuse que fût cette union, elle ne pouvait
détourner Siddartha des graves pensées qui fermen-
taient en son esprit. Il se disait souvent avec mélan-
colie :

— Les trois mondes, le monde des dieux, le monde
des Asouras et celui des hommes, sont brûlés par les
douleurs de la vieillesse et de la maladie; ils sont
dévorés par le feu de la mort et privés de guide. La
vie d'une créature est pareille à l'éclair des cieux.
Comme le torrent qui descend de la montagne, elle
coule avec une irrésistible vitesse. Par le fait de l'existence, du désir et de l'ignorance, les créatures dans le
séjour des hommes et des dieux sont dans la voie des
trois maux. Les ignorants roulent en ce monde, de
même que tourne la roue d'un potier. Les qualités du
désir, toujours accompagnées de crainte et de misère,
sont les racines des douleurs. Elles sont plus redou-
tables que le tranchant de l'épée ou la feuille de l'arbre
vénéneux. Comme une image réfléchie, comme un
écho, comme un éblouissement ou le vertige de la
danse, comme un songe, comme un discours vain et
futile, comme la magie et le mirage, elles sont rem-
plies de faussetés; elles sont vides comme l'écume et
la bulle d'eau. La maladie ravit aux êtres leur lustre et

fait décliner les sens, le corps et les forces ; elle amène
la fin des richesses et des biens. Elle amène la tempête
de la mort et de la transmigration. La créature la plus
agréable et la plus aimée disparaît pour toujours ; elle
ne revient plus à nos yeux, pareille à la feuille et aux
fruits tombés de l'arbre dans le courant du fleuve. Tout
composé est périssable : ce qui est composé n'est
jamais stable ; c'est le vase d'argile que brise le moindre
choc. Tout composé est tour à tour effet et cause. La
substance, sans être durable, n'a pas cependant d'in-
terruption : nul être n'existe qui ne vienne d'un autre ;
et de là la perpétuité apparente des substances. Mais
le sage ne s'y laisse point tromper. En y réfléchissant,
il s'aperçoit que tout composé, toute agrégation n'est
que le vide, qui seul est immuable. Les êtres que nos
sens nous révèlent sont vides au dedans ; ils sont vides
au dehors. Aucun d'eux n'a la fixité qui est la marque
véritable de la loi.

Puis, touché de compassion pour le monde et plein
de foi en lui-même :

— Cette loi, se disait-il, qui doit sauver tous les
êtres, je l'ai comprise : je dois la faire comprendre aux
dieux et aux hommes. Après avoir atteint l'intelligence
suprême, la Bôdhi, je rassemblerai les êtres vivants :
je leur montrerai la porte la plus sûre de l'immortalité.
Les retirant de l'océan de la création, je les établirai
dans la terre de la patience ; hors des pensées nées du
trouble des sens, je les établirai dans le repos. En faisant voir la clarté de la Loi aux créations obscurcies
par les ténèbres d'une ignorance profonde, je leur don-
nerai l'œil qui voit clairement les choses ; je leur don-
nerai le beau rayon de la pure sagesse, l'œil de la Loi
sans tache et sans corruption.

Ces réflexions poursuivaient Siddartha jusque dans ses

songes; et une nuit, un des dieux du Touchita le séjour de la joie, Hridéva, dieu de la modestie, lui apparut en rêve et l'encouragea par ces douces paroles à accomplir les desseins qu'il nourrissait.

— Pour celui qui a la pensée d'apparaître dans le monde, dit Hridéva, c'est aujourd'hui le temps et l'heure. Celui qui n'est pas délivré ne peut délivrer; l'aveugle ne peut montrer la route; mais celui qui est libre peut délivrer; celui qui a ses yeux peut montrer la route aux autres qui l'ignorent. Aux êtres quels qu'ils soient, brûlés par le désir, attachés à leurs maisons, à leurs richesses, à leurs fils, à leurs femmes, fais désirer, après les avoir instruits, d'aller dans le monde errer en religieux.

Mais pendant que le Bôdhisattva était exhorté en songe par Hridéva, son père, le roi Çouddhodana eut aussi un rêve dans lequel il vit son fils bien-aimé sortir du palais entouré d'une troupe de dieux; et il le vit qui, après en être sorti, se faisait religieux errant, revêtu d'un vêtement d'un jaune foncé. S'étant réveillé, le roi interrogea vite un eunuque pour savoir si le jeune prince était dans l'appartement des femmes.

— Il y est, Sire, lui fut-il répondu.

Le roi plein d'inquiétude, cependant, prit mille précautions pour éviter à son fils tout spectacle pénible pouvant réveiller les sentiments de compassion qui le portaient vers la vie d'ascète. Il fit redoubler les fêtes et les plaisirs autour de lui et donna des ordres sévères pour que tout spectacle pénible fut éloigné de ses yeux.

Mais la haute destinée du Bôdhisattva devait s'accomplir.

Un jour qu'avec une suite nombreuse il sortait par la porte orientale de la ville, pour se rendre au jardin de plaisance de Lumbini, il rencontra sur la route un homme vieux, cassé, décrépit, couvert de rides, articulant à peine des sons rauques et désagréables.

— Quel est cet homme, demanda-t il à son cocher; il est de petite taille et sans force; ses chairs et son sang sont desséchés; ses muscles sont collés à sa peau; sa tête est blanchie, ses dents sont branlantes, son corps est amaigri; appuyé sur un bâton, il marche avec peine, trébuchant à chaque pas. Est-ce la condition particulière de sa famille? ou bien est-ce la loi de toutes les créatures du monde?

— Seigneur, répondit le cocher, cet homme est accablé par la vieillesse; tous ses sens sont affaiblis, la souffrance a détruit sa force, et il est dédaigné par ses proches; il est sans appui; inhabile aux affaires, on l'abandonne, comme le bois mort dans la forêt. Mais ce n'est pas la condition particulière de sa famille. En toute créature, la jeunesse est vaincue par la vieillesse; votre père, votre mère, la foule de vos parents et de vos alliés finiront par la vieillesse aussi; il n'y a pas d'autre issue pour les créatures.

— Ainsi donc, reprit le prince, la créature ignorante et faible, au jugement mauvais, est fière de la jeunesse qui l'enivre, et elle ne voit pas la vieillesse qui l'attend. Pour moi, je m'en vais. Cocher, détourne promptement mon char. Moi qui suis aussi la demeure future de la vieillesse, qu'ai-je à faire avec le plaisir et la joie?

Et le jeune prince rentra dans la ville sans aller à Lumbini.

Une autre fois il se dirigeait, avec une suite nombreuse, par la porte du midi, au jardin de plaisance, quand il aperçut sur le chemin un homme atteint de maladie, brûlé de la fièvre, le corps tout amaigri et tout souillé, respirant avec peine, et paraissant obsédé de la frayeur du mal et des approches de la mort. Après l'avoir vu, le Bôdhisattva dit avec intention à son cocher :

— Qu'est-ce, cocher, que cet homme au corps rude et livide, dont tous les sens sont affaiblis, qui respire très difficilement, qui a tous ses membres desséchés, l'estomac troublé et atteint par la souffrance, qui reste misérablement souillé de ses excréments?

— Cet homme-là, Seigneur, répondit le cocher, est épuisé au dernier point ; il subit la crainte de la maladie, il est arrivé au seuil de la mort. Dépourvu de santé et de lustre, privé complètement de force, sans protection, sans abri, sans asile, il n'a plus d'amis.

— La Santé, reprit le Bôdhisattva, est donc comme le jeu d'un rêve ; et la crainte de la maladie a donc cette forme terrible ! Quel est donc l'homme sage qui, après avoir vu pareille condition d'existence, pourrait avoir l'idée de la joie et du plaisir?

Le prince donna ensuite l'ordre de détourner son char et rentra dans la ville sans vouloir aller plus loin.

Une autre fois encore, le Bôdhisattva se dirigeant vers le jardin de plaisance, par la porte de l'ouest, aperçut un homme mort placé sur un palanquin recouvert d'un poêle de toile, entouré de la foule de ses parents, tous pleurant, se lamentant, gémissant, les cheveux épars, couvrant leur tête de poussière, se frappant la poitrine en allant à sa suite. Après l'avoir vu, le Bôdhisattva dit avec intention à son cocher :

— Qu'est-ce, cocher, que cet homme placé sur un palanquin? Quels sont ces hommes qui, les cheveux épars, jettent de la poussière sur leur tête, qui restent autour de lui et se frappent la poitrine en prononçant toutes sortes de lamentations ?

— Cet homme, seigneur, répondit le cocher, qui est mort dans l'Inde, ne verra plus sa mère, son père, ses fils, sa femme. Après avoir abandonné ses biens et sa maison, sa mère, son père, la foule de ses amis et de ses parents, il est allé dans cet autre monde; il ne verra plus ses parents.

Le Bôdhisattva s'écria :

— Malheur à la jeunesse minée par la vieillesse ! Malheur à la santé que détruisent toutes sortes de maladies ! Malheur à la vie de l'homme qui ne dure pas longtemps ! Malheur aux attraits du plaisir qui séduisent le cœur du sage.

Et aussitôt le Bôdhisattva ayant fait détourner son char, rentra dans la ville.

Et ainsi une autre fois encore, pendant que par la porte du nord de la ville, le Bôdhisattva se dirigeait vers le jardin de plaisance, il aperçut sur la route un religieux calme, dompté, retenu, continent; ne jetant pas les yeux de côté et d'autre, ne regardant pas plus loin que la longueur d'un joug, possédant la voie honorable, agréable à voir ; ayant la démarche aisée en regardant et en détournant les yeux ; agréable en se ramassant sur lui-même ou en s'étendant, se tenant sur la route et portant la sébile, et le vêtement religieux.

Après l'avoir vu, le Bôdhisattva, avec intention, parla ainsi au cocher :

— Quel est, cocher, cet homme calme, à l'esprit très calme, qui s'en va les yeux baissés, regardant seulement à la longueur d'un joug, vêtu d'habillements d'un jaune foncé et d'un maintien si parfaitement calme? Il porte un vase aux aumônes et n'est ni orgueilleux ni hautain.

— Seigneur, répondit le cocher, cet homme est de ceux qu'on nomme *Bhikchous* — religieux mendiants.

— Après avoir abandonné les joies du désir, il a une conduite parfaite, disciplinée. Il s'est fait religieux errant et recherche le calme de soi-même. Sans affection, sans haine, il s'en va demandant l'aumône.

— Cela est bon, répliqua le Bôdhisattva, bien dit et me fait envie. L'entrée en religion, en effet, a toujours été louée par les sages ; là est ce qui est utile à soi et aux autres êtres, une vie heureuse, l'*amrita* plein de douceur et le fruit des œuvres.

Puis le Bôdhisattva ayant détourné le char rentra dans la ville.

Alors le roi Çouddhodana ayant appris que le Bôdhisattva avait vu de pareils objets d'exhortation, fit bâtir une grande quantité de clôtures pour le bien garder. Il fit creuser des fossés et construire des portes solides, exhorta les braves, leur fit revêtir des cuirasses et fit atteler des chars. Afin de bien garder son fils, il fit placer dans les carrefours et aux quatre portes de la ville, quatre grandes divisions d'armée en disant :

— Tant qu'il sera gardé jour et nuit, le Bôdhisattva ne sortira pas de la maison !

Dans l'appartement des femmes, il donna les ordres suivants :

— N'interrompez pas un instant la musique et les chants : tous les plaisirs et tous les jeux doivent être continués sans cesse. Déployez toutes les séductions des femmes, enchaînez le jeune prince, de sorte que, l'esprit charmé, il ne s'en aille pas en religieux errant.

Cependant Siddartha, ferme dans ses projets, mais rempli de respect et de soumission pour son père, alla le trouver et lui dit :

— Seigneur, voici le temps de mon apparition dans le monde ; n'y faites point obstacle et n'en soyez point chagrin. Souffrez, ô roi, ainsi que votre famille et votre peuple, souffrez que je m'en éloigne.

— Que faut-il, ô mon fils, lui répondit le roi, les yeux remplis de larmes ; que faut-il pour te faire changer de dessein ? Dis-moi le don que tu désires, je te le ferai moi-même, ce palais, des serviteurs, ce royaume, prends tout.

— Seigneur, répondit Siddartha d'une voix douce, je désire quatre choses, accordez-les-moi. Si vous pouvez me les donner, je resterai près de vous, et vous me verrez toujours dans cette demeure, que je ne quitterai pas. Que la vieillesse, Seigneur, ne s'empare jamais de moi : que je reste toujours en possession de la jeunesse aux belles couleurs ; que la maladie, sans aucun pouvoir sur mon corps, ne m'attaque jamais ; que ma vie soit sans bornes et sans déclin.

Le roi, en entendant ces paroles, fut accablé de douleur.

— Oh ! mon enfant, s'écria-t-il, ce que tu demandes est impossible et je n'y puis rien. Les Rishis eux-mêmes, au milieu du Kalpa où ils ont vécu, n'ont jamais échappé à la crainte de la vieillesse, de la maladie et de la mort, ni au déclin.

— Si je ne puis éviter la crainte de la vieillesse, de la maladie, de la mort, ni le déclin, reprit le jeune homme ; si vous ne pouvez, Seigneur, m'accorder les quatre choses principales, veuillez du moins, ô roi, m'en accorder une autre, qui n'est pas moins importante : faites qu'en disparaissant d'ici-bas, je ne sois plus sujet aux vicissitudes de la transmigration.

Le roi Çouddhodana, comprenant qu'il était inutile d'employer la persuasion et la prière pour combattre le dessein de son fils, fit redoubler de vigilance à ses gardes.

Le Bôdhisattva étant rentré dans l'appartement des femmes, les regarda avec attention pendant qu'elles dormaient. Quelques-unes ont leurs vêtements arrachés; quelques-unes ont leurs cheveux en désordre ; quelques-unes ont leurs ornements dispersés ; quelques-unes ont leurs diadèmes tombés; quelques-unes avec les épaules meurtries, ont le corps difforme ; quelques unes ont le visage déformé; quelques-unes ont les yeux de travers ; quelques-unes laissent couler leur salive ; quelques-unes toussent; quelques-unes rient ; quelques-unes prononcent des mots sans suite ; quelques-unes grincent des dents; quelques-unes ont le visage décoloré ; quelques-unes ont le corps déformé ; quelques-unes ont les bras pendants; quelques-unes ont les pieds écartés ; quelques-unes ont la tête blessée ; quelques-unes ont la tête voilée ; quelques-unes ont le tour du visage renversé et contourné ; quelques unes ont le corps mutilé; quelques-unes ont le corps complètement nu ; quelques-unes, toutes contrefaites, font entendre des sons rauques; quelques-unes, tenant des tambours, ont la tête et le corps renversés; quelques-unes ont les mains étendues sur des Vinas et des Vallakis; quelques-unes serrent une flûte avec les dents ; quelques-unes ont jeté les instruments de musique appelés Kimpalas, Nakoulas et Sampatadas. Quelques-unes ouvrent et ferment les yeux en clignant. Le Bôdhisattva, en examinant les habitantes de l'appartement des femmes ainsi transformées et étendues sur le plancher, se fit l'idée d'un cimetière. Après les avoir vues, il soupira avec compassion et voyant que l'heure de minuit était venue, il appela son cocher Tch'andaka et lui donna l'ordre de seller son cheval Kanthaka. Tch'andaka essaye, mais en vain, de s'opposer au départ de son maître, qui peut sortir presque miracu —

leusement du palais, les gardiens de la porte étant
endormis.

— Je ne rentrerai pas, dit-il, en jetant un regard sur
le palais et la ville qu'il abandonnait, je ne rentrerai
pas dans Kapilavastou, avant d'avoir obtenu la cessation de la naissance et de la mort : Je n'y rentrerai pas
avant d'avoir obtenu la demeure suprême, exempte
de vieillesse et de mort ainsi que l'intelligence pure.

Le Bodhisattva étant ainsi parti et ayant traversé le
pays des Çakyas, le pays des Kôdyas et celui des Mallas,
se trouva dans la ville de Anoumaneiya quand le jour
parut. Etant descendu de cheval, il se dépouilla de ses
ornements et les remit en même temps que Kanthaka
à son fidèle serviteur Tch'andaka en lui disant de
retourner sur ses pas.

Libre des liens de la naissance, il se dépouilla
de tout ce qui lui rappelait sa caste et son rang.
Il se coupa les cheveux de son épée et les jeta au
vent; un religieux ne pouvait porter la chevelure
d'un guerrier. Il échangea ses vêtements de soie de
Bénarés avec un chasseur qui en avait de tout usés en
peau de cerf de couleur jaune. Puis il se mit à fré-
quenter pendant quelque temps les écoles des plus
sages Brahmanes, celle d'Arata Talama dans la grande
ville de Vaïçali, celle de Roudraka à Radjnagriha,
capitale du royaume de Maghada. Mais l'enseignement
brahmanique ne put le satisfaire. Il n'y trouvait point
« la voie qui conduit à l'indifférence pour les objets
du monde, qui conduit à l'affranchissement de la passion, qui conduit à la fin des vicissitudes de l'ère, qui
conduit à l'état de Çramana, qui conduit au Nirvana. »

Il se retira alors en un village nommé Ouroulviva où
il passa six années dans la solitude, se livrant aux austérités les plus rudes, supportant la faim, la soif, le

froid, le chaud, la pluie, ne mangeant qu'un grain de Sésame par jour. Au bout de ce temps il s'aperçut que les mortifications, au lieu d'éclairer son esprit, l'obscurcissaient et que l'ascétisme brahmanique dont il imitait les excès n'était point la voie qui mène à l'intelligence accomplie; il résolut de cesser ces pratiques, reprit une nourriture abondante que lui apportait une jeune fille du village nommée Soudyata, et recouvre en peu de temps sa force et sa beauté.

Ouroulviva est illustre dans les fastes du Bouddhisme par cette longue retraite de Câkya-Mouni. C'est là qu'il acheva, selon toute apparence, de formuler sa doctrine et de fixer les règles de la discipline qu'il comptait proposer à ses disciples.

D'Ouroulviva, il se rendit dans un endroit non moins célèbre, celui où il se sentit enfin en possession de la dignité de *Bouddha*.

Cet endroit est appelé Bodhimanda, c'est-à-dire le siège de l'intelligence.

La tradition raconte qu'il s'assit là, sur un tapis de gazon, les jambes croisées, le corps droit et tourné vers l'Orient, au pied d'un arbre appelé Bodhirouma, c'est-à-dire arbre de l'intelligence, et fit vœu de ne pas se lever avant d'avoir obtenu l'intelligence suprême.

Il resta assis tout un jour et toute une nuit sans mouvement, et ce fut à la dernière veille, au moment du lever de l'aurore, que, s'étant revêtu de la qualité de *Bouddha* parfaitement accompli, il atteignit la triple science : il tenait enfin le secret des destinées et du salut universel ; il avait trouvé l'absolu ; une religion nouvelle était fondée.

Siddartha avait alors trente-six ans. L'arbre sous lequel il s'assit à Bodhimanda était un figuier de l'espèce appelée *pippala* ; et la vénération des fidèles ne tarda pas à entourer cet arbre d'un culte fervent qui dura pendant plusieurs siècles.

Dans l'année 632 de Jésus-Christ, c'est-à-dire douze cents ans après la mort du Bouddha, Hionen-Thsang, le pèlerin chinois, vit encore le Bodhirouma.

Le Bouddha était désormais certain d'avoir la pleine possession de la vérité. Un moment il se demanda s'il devait la communiquer aux autres hommes, au risque de la voir mal accueillie et de l'exposer à leurs insultes, et s'il n'était pas plus prudent de jouir seul de la lumière, et de fermer la main sur le secret de la délivrance éternelle. Son grand cœur n'hésita pas longtemps :

— Tous les êtres, se dit-il, qu'ils soient infimes, médiocres ou élevés, qu'ils soient très bons, moyens ou très mauvais, peuvent être rangés en trois classes : un tiers est dans le faux et y restera ; un tiers est dans le vrai ; un tiers est dans l'incertitude.

Ainsi un homme, au bord d'un étang, voit des lotus qui ne sont pas sortis de l'eau, d'autres qui sont au niveau de l'eau, d'autres enfin qui sont élevés au-dessus de l'eau. Que j'enseigne ou que je n'enseigne pas la loi, cette partie des êtres qui est certainement dans le faux ne la connaîtra pas ; que j'enseigne ou que je n'enseigne pas la loi, cette partie des êtres qui est certainement dans le vrai la connaîtra ; mais cette partie des êtres qui est dans l'incertitude, si j'enseigne la loi la connaîtra ; si je n'enseigne pas la loi, elle ne la connaîtra pas.

Le Bouddha se sentit alors pris d'une grande pitié pour cet assemblage d'êtres plongés dans l'incertitude ; et ce fut une pensée de compassion qui le décida. Il allait enfin ouvrir aux êtres depuis longtemps égarés dans leurs mauvaises pensées la porte de l'immortalité en leur révélant les *quatre vérités sublimes.*

Quelles sont ces vérités ? Elles se rattachent à la doctrine de la réincarnation et de la transmigration des âmes, qui fait du sort de chaque existence le résultat des faits accomplis dans une vie précédente. Les voici :

1° La douleur est inséparable de l'existence ;

2° La naissance en ce monde a pour cause les passions d'une existence précédente :

3° La suppression des passions est la seule voie pour échapper aux existences ultérieures, à la loi de la transmigration, et par conséquent à la douleur, en un mot pour arriver au Nirvana ;

4° Il faut écarter les obstacles qui s'opposent à cette suppression, à cette extinction des désirs et des passions.

Le quatrième point était le plus important quant à l'application pratique ; c'est par là que le Bouddha et ses disciples parvinrent à supprimer complètement les lois et les prescriptions au moyen desquelles les brahmanes enchaînaient tout le monde, c'est pour accomplir ce quatrième point qu'il fallait une entière liberté de mouvement pour tous. Les obstacles qui empêchaient d'arriver à la suppression de la passion, tout ce qui rappellerait à l'homme sa personnalité, on doit mettre tout cela de côté, et l'écarter pour les autres comme pour soi. Nul ne doit faire à autrui aucun tort qui puisse l'arrêter dans sa marche vers la perfection, c'est-à-dire vers la suppression de la passion. Bonté, compassion, douceur, charité, amour et tolérance, telles sont les conditions imposées par le Bouddha à ses partisans, non seulement entre eux, mais à l'égard de tout le monde. Le renoncement aux devoirs les plus chers, aux nécessités les plus urgentes, à la vie elle-même, quand le prochain en a besoin, sont les meilleures preuves qu'on a supprimé en soi les passions, et qu'on est sur la vraie route du perfectionnement final.

Entre la possession paisible et solitaire de la vérité absolue, de la Bôdhi, et les périls de l'apostolat, Çâkya-Mouni avait généreusement choisi les périls de l'apostolat. Il était résolu à tout braver pour propager les bienfaits de sa doctrine. Par une admirable infidélité à cette doctrine, il avait conservé dans son cœur et voulait allumer dans tous les cœurs un désir, une passion : le désir, la passion du salut universel.

Dès lors, on le vit aller d'un lieu à un autre, prêchant partout dans la langue populaire, ouvrant à tous, rois et esclaves, Brahmanes et Tschandalas, purs et impurs, compatriotes et étrangers, hommes et femmes, l'accès des vérités qui devaient les rendre heureux. Les barrières de caste, de classe, de nation sont renversées : tous sont égaux devant le but à atteindre, devant le Nirvana; la voie du salut est la même pour tous. De même qu'il n'y a pas de différence entre le corps d'un prince et celui d'un mendiant, de même il n'y a pas de différence entre leurs âmes. Chacun est capable de connaître la vérité et de s'en servir pour sa délivrance : il suffit de le vouloir. « Ma loi, ajoutait-il, est une loi de grâce pour tous. »

Toutes les conversions opérées par Çâkya-Mouni étaient faites par la persuasion et la bonté. En peu de temps elles se multiplièrent. Bien qu'elle s'attaquât à la base même du pouvoir brahmanique, la nouvelle doctrine gagna parmi les brahmanes des partisans que séduisirent sa clarté et sa simplicité, comparées avec l'étude si longue, si difficile et si fatigante des Védas. Elle attira aussi beaucoup de princes et de rois, qui saisirent cette occasion de se délivrer de la tutelle oppressive des brahmanes. Dans certaines parties de l'Inde, les indigènes, quoique soumis à la civilisation brahmanique, étaient restés dans une certaine indépendance, et naturellement ils ne demandèrent pas mieux que d'échapper à la hiérarchie religieuse; mais ce fut surtout dans les classes inférieures que le Bouddha trouva la masse de ses prosélytes. Tous les malheureux, tous les opprimés se tournèrent vers lui, comme vers leur libérateur.

Né d'une compassion qui embrassait tous les êtres, le prosélytisme du Bouddha ne devait pas plus connaître les limites géographiques que les barrières ethnologiques et politiques. Çâkya-Mouni fit un devoir à ses partisans d'aller en missionnaires répandre au loin sa doctrine. Les légendes offrent plus d'un exemple vraiment touchant de l'esprit d'abnégation qu'il savait leur inspirer.

C'est à Bénarès que le Bouddha prêcha pour la première fois, qu'il fit tourner pour la première fois la roue de la Loi. Il ne paraît pas avoir prolongé longtemps son séjour dans cette ville, car la plus grande partie des *Soutrâs* nous le montrent, soit dans le Magadha, à Radjagriha, soit dans le Koçala, à Çravasti. C'est dans ces deux contrées, dont les rois, Bimbisara et Prasénadgit, avaient dès l'origine embrassé sa loi, qu'il passa presque tout le reste de sa vie, respecté, protégé, honoré. Ce fut là le berceau du Bouddhisme.

Çâkya-Mouni revit, après douze ans d'absence, son père qu'il convertit à sa doctrine. L'exemple du roi fut suivi par les Çâkyas et les habitants de Kapilavastou. La tante de Gautama, Maha-Pradgapati, celle qui l'avait élevé, fut la première femme à laquelle il permit d'embrasser la vie religieuse. A sa suite vinrent la belle

Gôpa et deux autres femmes de Siddartha : Yoçadhara et Outpalavarna.

Nous savons aussi que, malgré la protection royale et l'enthousiasme populaire, il eut à soutenir des luttes très vives et très prolongées contre les brahmanes, qui jouèrent vis-à-vis de lui le même rôle que plus tard les pharisiens vis-à-vis de Jésus-Christ.

Toutes les légendes s'accordent à placer le lieu de la mort du Bouddha à Koucinagara, dans le royaume de ce nom.

A l'âge de quatre-vingts ans, il revenait de Radjagriha, dans le Magadha, accompagné d'Ananda, son cousin, et d'un grand nombre de disciples. Arrivé sur le bord méridional du Gange, et sur le point de le passer, il se tint debout sur une grande pierre carrée, regarda son compagnon avec émotion et lui dit :

— C'est pour la dernière fois que je contemple de loin la ville de Radzagriha.

Après avoir traversé le Gange, il visita la ville de Vaiçali, dans laquelle il ordonna lui-même plusieurs religieux. Il était à une demi-lieue tout au plus, au nord-est de la ville de Kouçinagara, dans le pays des Mallas et près de la rivière Atchiravati, quand il se sentit atteint de défaillance. Il s'arrêta dans une forêt, sous un *çala (shorea robusta)*, et y mourut. Ses funérailles furent célébrées en grande pompe : elles eurent toute la célébrité de celles qu'on réservait alors aux monarques souverains appelés *Tchakravartins*. Le corps du Bouddha fut brûlé huit jours après sa mort. Ses reliques furent divisées en huit parts, parmi lesquelles on n'oublia pas celle des Çâkyas de Kapilavastou.

Quelle que soit l'opinion que l'on se forme du Bouddhisme, il est impossible de méconnaître la grandeur et la beauté morale de Çàkya-Mouni. Il n'est point parmi les fondateurs de religions de figure plus pure ni plus touchante que celle du Bouddha. Sa vie n'a point de tache. Son constant héroïsme égale sa conviction et l'exemple personnel qu'il donne est irréprochable et aussi précieux que son sublime enseignement.

C'est le modèle achevé de toutes les vertus qu'il prêche : son abnégation, sa charité, son inaltérable douceur, ne se démentent point un seul instant.

Il y a sept jours à peine que le Bouddha est entré dans le Nirvana, lorsque le grand Kacyapa convoque cinq cents religieux choisis parmi les plus vertueux et les plus savants. C'est à Radjagriha qu'on se réunit dans le mois d'Asala et au premier quartier de la lune. Sur la demande des religieux, le roi Adjataçatrou leur fait construire une vaste salle à l'entrée de la caverne Sattapani, auprès de la montagne Vebhara, et l'assemblée peut presque immédiatement commencer ses délibérations.

Sur un trône placé au nord et regardant le sud, le président siège pour diriger les travaux. Une chaire posée au centre de la salle et regardant l'est doit servir aux orateurs que le président interroge. Le reste des Arhats, sans avoir de sièges particuliers, se rangent selon leur âge sur les bancs destinés à les recevoir. La première discussion a lieu le second jour du second mois de Varsha. Les disciples les plus chers et les plus éminents du Bouddha comparaissent. Ananda, son cousin et son compagnon inséparable durant de longues années, et Oupali, un de ses adhérents les plus illustres, montent en chaire.

Oupali est interrogé le premier par le grand-prêtre Kacyapa sur la discipline appelée *Vinaya*. Les *Sthaviras* ou vieillards répètent en chantant les réponses d'Oupali et c'est ainsi qu'ils apprennent par cœur la *Vinaga*. Après Oupali, Ananda, guidé comme lui par le président, expose le *Dharma* ou la loi. L'assemblée répète également les paroles d'Ananda et apprend le *Dharma* de la même manière qu'elle vient d'apprendre le *Vinaga*. Ces exercices pieux ne durent pas moins de sept mois, et après ce temps, ces bienfaiteurs de l'Humanité se séparent et se répandent de tous les côtés pour disséminer les vérités.

Le second concile se tient à Vaiçali, dans la dixième année du règne de Kalaçoka. Sept cents religieux prirent part à ses travaux qui se prolongèrent pendant huit mois.

Le troisième concile fut convoqué sous le règne d'Açoka, devenu maître de l'Inde, deux cent dix-huit ans après la mort du Bouddha (325 av. J.-C.). Cette troisième assemblée de la loi dura neuf mois.

Il s'agit maintenant de dire quelle était cette doctrine du Bouddha soigneusement transmise par la tradition orale et par les écritures canoniques.

A la base de la doctrine bouddhique, nous trouvons la théorie des quatre vérités sublimes.

Elle est connue de tous les bouddhistes sans exception ; elle est adoptée au sud et à l'est, aussi bien qu'au nord, à Ceylan, au Birman, au Pegu, à Siam, à la Chine, au Japon, tout comme au Nepal et au Thibet. Elle appartient certainement au Bouddhisme primitif et peut être attribuée à Çâkya-Mouni.

La première de ces quatre vérités, c'est que la douleur est inséparable de l'existence, parce que l'existence comporte la vieillesse, la maladie et la mort.

La seconde, c'est que la douleur est fille du désir, par lequel nous nous attachons aux objets, à la jeunesse, à la santé, à la vie, des fautes que le désir nous a fait connaître dans les existences précédentes, et des fautes qu'il nous fait commettre dans l'existence actuelle.

La troisième vérité, propre à consoler des deux autres, c'est que l'existence et la douleur peuvent cesser par le Nirvana.

Enfin, la quatrième, c'est que pour atteindre à la cessation de la douleur, au Nirvana, il faut détruire en soi le désir, se détacher de soi-même, se renoncer à soi-même, et écarter tous les obstacles qui s'opposent à l'extinction du désir, à la pratique du renoncement.

Les deux premières vérités sont la *douleur* et la *cause de la douleur ;* les deux dernières sont le *salut* et la *voie* ou *méthode du salut.*

La voie ou méthode du salut a huit parties : et ce sont autant de conditions que l'homme doit remplir pour assurer sa délivrance éternelle.

Voici les huit parties de la méthode :

La première, selon le langage bouddhique, est la *vue droite,* c'est-à-dire la foi et l'orthodoxie ; la seconde, c'est le *jugement droit,* qui dissipe toutes les incertitudes et tous les doutes ; la troisième, c'est le *langage droit,* c'est-à-dire la véracité parfaite, qui a horreur du mensonge et qui le fuit toujours sous quelque forme qu'il se présente ; la quatrième condition du salut, c'est de se proposer dans tout ce qu'on fait une *fin droite,* qui règle la conduite et la rend honnête ; la cinquième, c'est de ne demander sa subsistance qu'à une *profession droite,* non entachée de péché ; la sixième, c'est l'*application droite* de l'esprit à tous les préceptes de la Loi ; la septième, c'est la *mémoire droite,* qui garantit de toute obscurité et de toute erreur le souvenir des actions passées ; et la dernière enfin, c'est la *méditation droite,* qui conduit dès ici-bas l'intelligence à une quiétude voisine du Nirvana.

Les quatre vérités sublimes sont celles que Siddârtha comprit enfin à Bôdhimanda, sous l'arbre de l'*intelligence*, ou Bôdhirouma, après six ans d'austérités et de méditations : ce sont celles qu'il enseigna tout d'abord quand il *fit tourner pour la première fois la roue de la loi à* Bénarès. C'est parce qu'il les a comprises qu'il est devenu Bouddha.

La théorie des quatre vérités peut être considérée comme la source et le résumé de toute la doctrine bouddhique.

Les trois premières vérités qui constatent le fait de la douleur, qui en déterminent la cause et qui en montrent la fin, contiennent en germe la métaphysique bouddhique. La morale bouddhique est en germe dans la quatrième vérité. Commençons par la morale.

Les cinq préceptes fondamentaux appelés *Pança Sila*, et qui s'appliquent à tout le monde, prêtres et laïques, sont :

1° Ne point tuer ;

2° Ne point voler ;

3° Ne point commettre d'adultère ;

4° Ne point mentir ;

5° Ne point s'enivrer.

A ces préceptes, s'ajoutent cinq autres prescriptions :

6° S'abstenir de repas pris hors de saison ;

7° S'abstenir de la danse, du chant et des spectacles profanes ;

8° S'abstenir de porter aucune parure et de se parfumer ;

9° S'abstenir d'avoir un grand lit.

10° S'abstenir de recevoir de l'or ou de l'argent.

Les deux derniers commandements du Dasa Sila ou décalogue du Bouddhisme s'appliquent plus particulièrement aux religieux.

On comprend que les règles, même les plus géné-
rales, prennent pour ces derniers un caractère de sévé-
rité qu'elles ne peuvent avoir pour les simples laïques ;
c'est ainsi que les religieux ne doivent pas seulement
éviter l'adultère ; il faut, en outre, qu'ils gardent la
plus inflexible chasteté.

Six vertus sont considérées comme fondamentales,
et à ce titre, imposées à tous, laïques et religieux : la
charité, la pureté, la patience, le courage, la contem-
plation et la science. Ce sont là les six vertus transcen-
dantes, — *paramitas*, — qui font passer l'homme à
l'autre rive, ainsi que l'indique l'étymologie du mot
par lequel on les désigne.

Voyons, à présent, ce qu'est la discipline boudhhique.
Le religieux bouddhiste, le *bhikshou*, est condamné
au célibat : il ne doit avoir ni femme, ni enfants ; il
doit être vêtu, contrairement aux ascètes brahmani-
ques qui allaient tout nus. Il ne doit posséder que huit
objets : les trois pièces du vêtement, sa ceinture, son
vase à aumônes, son pot à l'eau, un rasoir et une
aiguille à coudre. Il ne vivra que d'aumônes ; il ira les
chercher de maison en maison, mais dans le plus in-
violable silence, en se montrant simplement avec son
vase, sans tousser, sans faire aucun bruit par sa présence, sans dire qu'il a faim, sans rien demander par
geste, signe ou parole. Il n'a pas même le droit de demander un remède s'il est malade, et il pêche s'il
reçoit plus qu'il ne lui faut pour un repas. La charité
telle que la comprend le Bouddhisme est illimitée :
elle s'adresse à toutes les créatures sans exception ;
elle impose, à l'occasion, les sacrifices les plus dou-
loureux et les plus extrêmes. Il y a telle légende ou
le Bouddha donna son corps en pâture à une tigresse
affamée qui n'avait plus la force d'allaiter ses petits.

Quant à la métaphysique bouddhique, elle se compose de trois théories : celle de la transmigration de l'individualité ; celle de l'enchaînement mutuel des causes, et celle du Nirvana.

La théorie de la transmigration étant familière à tous, nous ne nous occuperons que des deux autres théories.

Voyons d'abord celle de l'enchaînement mutuel des causes. Le Bouddhisme n'admet pas à l'origine des choses de cause première, de cause fixe, absolue. Douze conditions, tour à tour effets et causes les unes des autres, s'enchaînent mutuellement pour produire la vie. La *mort*, précédée de la *vieillesse*, n'aurait pas lieu sans la naissance : la mort est donc un effet dont la naissance est la cause. La naissance ne serait pas sans *l'existence* ; elle est un effet de l'existence qui l'a précédée. Il ne s'agit point ici de l'existence dans son acception générale ; c'est l'existence avec toutes les modifications qu'y ont apportées les épreuves antérieures ; c'est l'état moral de l'être, selon les actions qu'il a successivement accumulées, vertueuses et vicieuses. L'*existence* a pour cause l'*attachement*. Sans l'attachement aux choses, l'être ne renaîtrait pas, ne prendrait pas un certain état moral qui le conduit à renaître. L'*attachement*, cause de l'existence, n'est lui-même qu'un effet : ce qui le cause, c'est le *désir*, la *soif* de l'être. Le désir est cet insatiable besoin de rechercher ce qui plaît et de fuir ce qui est désagréable. Il a pour cause la *sensation*, qui nous fait connaître les choses, en nous faisant percevoir leurs qualités. La sensation, cause du désir, a pour cause le contact : il faut que les choses nous touchent soit à l'extérieur, soit à l'intérieur, pour que nous les sentions. Le contact, cause de la sensation, est l'effet, à son tour, des six sièges des qualités sensibles ou des six sens. Ces sièges des qualités sensibles sont : la vue, l'ouïe, l'odorat, le goût, le toucher, et l'âme humaine. Ce dernier est le siège du sentiment, de ce qu'on peut appeler le sens intime, ce qui prouve que la psychologie bouddhique n'est pas sensualiste, comme on l'a dit souvent à tort. Les six sièges des sens ont pour cause le *nom et la forme*. Sans le nom et sans la forme, les objets seraient indistincts. La forme qu'ils revêtent leur permet d'entrer en contact avec nos sens extérieurs ; le nom qui les désigne les rappelle à l'esprit. Le *nom* et la *forme* ont pour cause la *connaissanee* ou *conscience*, qui se représente les objets, les distingue et les nomme. La conscience est la dixième cause : elle a sa source dans les concepts, sorte de miroir à travers lequel l'imagination voit le monde. Enfin la dernière cause, c'est l'ignorance, non pas l'ignorance ordinaire, mais cette erreur fondamentale par laquelle nous attribuons aux choses la durée, la permanence et la réalité. Là est *l'illusion primitive*, là est l'origine de l'existence et de tous les maux.

En résumé, tout phénomène est vide ; aucun phénomène n'a de substance propre. Au dedans, le vide ; au dehors, le vide. Tout composé est périssable, et, comme l'éclair dans le ciel, il ne dure pas longtemps.

Nous voici arrivés au Nirvâna. Sur ce terme, il y a de la part des Européens, sans en excepter les savants, de bien étonnantes conceptions. *Nirvâna* signifie littéralement « existence éteinte, desséchée comme le vent, comme une flamme éteinte faute d'aliment. » De là, on a cru pouvoir conclure que le *Nirvâna* était le néant. Le Nirvâna n'est pas le néant, mais bien la spiritualisation la plus haute dont aucun être enchaîné par les biens terrestres ne peut avoir une idée exacte. Qu'est-ce donc qui est éteint dans le Nirvâna? C'est la volonté de vivre, l'effort pour l'existence et le plaisir dans ce monde ou dans l'autre. Ce qui est dissipé, c'est l'illusion que les biens matériels ont une valeur ou peuvent durer. Voilà le Nirvâna.

FIN

ÉMILE COLIN. — IMPRIMERIE DE LAGNY